BEI GRIN MACHT SICH IHR WISSEN BEZAHLT

- Wir veröffentlichen Ihre Hausarbeit, Bachelor- und Masterarbeit

- Ihr eigenes eBook und Buch - weltweit in allen wichtigen Shops

- Verdienen Sie an jedem Verkauf

Jetzt bei www.GRIN.com hochladen und kostenlos publizieren

Erstellung einer Trainingsplanung zur Verbesserung der Beweglichkeit und der Koordination

Henry Dobrynin

Bibliografische Information der Deutschen Nationalbibliothek:

Die Deutsche Nationalbibliothek verzeichnet diese Publikation in der Deutschen Nationalbibliografie; detaillierte bibliografische Daten sind im Internet über http://dnb.d-nb.de abrufbar.

ISBN: 9783346349002
Dieses Buch ist auch als E-Book erhältlich.

Druck und Bindung: Books on Demand GmbH, Norderstedt Germany
Gedruckt auf säurefreiem Papier aus verantwortungsvollen Quellen

Das vorliegende Werk wurde sorgfältig erarbeitet. Dennoch übernehmen Autoren und Verlag für die Richtigkeit von Angaben, Hinweisen, Links und Ratschlägen sowie eventuelle Druckfehler keine Haftung.

Das Buch bei GRIN: https://www.grin.com/document/989040

Deutsche Hochschule für
Prävention und Gesundheitsmanagement
Hermann Neuberger Sportschule 3
66123 Saarbrücken

Einsendeaufgabe

Fachmodul:	Trainingslehre III
Studiengang:	Fitnessökonomie
Datum Präsenzphase:	30.11.2020 – 02.12.2020
Name, Vorname:	Dobrynin, Henry
Studienort:	**Köln**
Semester:	**WiSe 2018**

Inhaltsverzeichnis

1   Diagnose

1.1   Allgemeine und Biometrische Daten

Bei einem Eingangsgespräch mit dem Probanden wurden alle relevanten Daten erfasst. Mit Hilfe verschiedener Tests wurden zudem die biometrischen Daten ermittelt. Diese geben Informationen über das Leistungslevel der Person an und bilden die Grundlagen der Trainingsplanung. Durch mögliche Kontraindikationen können eventuelle Risiken ausgeschlossen werden. Die Aufstellung der Daten befindet sich in der nachfolgenden Tabelle.

Tabelle 1: Allgemeine und biometrische Daten des Probanden

Alter	24 Jahre	Körpergröße	181cm
Geschlecht	Männlich	Körpergewicht	81kg
Trainingsmotive	- Reduzierung von Muskelverspannungen - Verbesserung der Beweglichkeit		
berufliche Tätigkeit	dualer Student		
Frühere sportliche Aktivitäten	Hat 8 Jahre im Fußballverein gespielt mit 3 Trainingseinheiten á 90min pro Woche.		
Aktuelle sportliche Aktivitäten	Beitreibt Krafttraining seit 4 Jahren mit 5 Trainingseinheiten á 60min pro Woche.		
Zeitlicher Verfügungsrahmen	3 x die Woche.		
Body-Mass-Index (BMI)	24,7kg/m²	Normwerte für Normalgewicht bei Männern: 18,5kg/m² – 24,9kg/m² (Luppa, 2019, S. 23).	Das Gewicht des Probanden liegt noch im Durchschnitt. Daher ist es positiv zu bewerten.
Körperfettanteil (mittels einer Tanita-Waage)	17,6%	Normwerte für Männer zwischen 20-39 Jahren: 8,0% - 19,9% (Luppa, 2019, S. 33).	Der Körperfettanteil liegt im Durchschnittlichen Bereich für Männer in seinem Alter.
Blutdruck (mittels Blutdruckgerät)	116 / 77 mmHg	Normwerte für Erwachsene 120 – 129 / 80 – 84 mmHg (Eifler, 2019, S. 304).	Der Blutdruck liegt in einem optimalen Zustand.
Ruhepuls (mittels Blutdruckgerät)	60 Schläge pro Minute	Normwerte für Erwachsene: 60-80 Schläge pro Minute (Eifler, 2019, S. 209).	Der Ruhepuls weist auf einen sehr guten Trainingszustand.

Allgemeiner Gesundheitszustand	Keine gesundheitlichen Einschränkungen, aktuell in keiner ärztlichen Behandlung, keine Einnahme von Medikamenten. Der Proband ist ein normal leistungsfähiger Mann.
Leistungsstufe	Anfänger

2 Beweglichkeitstestung

In der Beweglichkeitstestung werden mit dem Probanden mehrere Tests durchgeführt. Die folgende Tabelle zeigt eine Auflistung aller durchgeführten Testversuche. Bei den Durchgängen liegt die Person in Rückenlage auf einer Behandlungsliege.

Tabelle 2: Beweglichkeitstestung

Testübung	Beschreibung & Ausführung	Bewertung	Ergebnis
1. Testung der großen Brustmuskulatur (M. pectoralis major)	Die Testperson liegt am Rand der Behandlungsliege. Zur Beckenfixierung müssen die Beine angewinkelt werden und die Fußfläche auf der Liege aufgestellt werden. Ebenfalls werden die Bauchmuskeln angespannt, um die Wirbelsäule fest auf der Liege zu fixieren. Der Arm des Probanden ist im Schultergelenk abduziert und nach außen rotiert und wird in eine 90° Position von Oberarm & Thorax und Oberarm & Unterarm positioniert. Die Arme werden nacheinander einzeln getestet. Die Position des Oberarms zur Horizontalen gilt hierbei als Messbereich.	Stufe 0: Oberarm erreicht die Horizontale (keine Beweglichkeitsdefizite). Mit leichtem Druck des Testers kann Oberarm unter der Horizontale bewegt werden. Stufe 1: Oberarm erreicht die Horizontale nicht (leichte Beweglichkeitsdefizite). Mit leichtem Druck des Testers kann Oberarm bis zur Horizontalen bewegt werden Stufe 2: Oberarm erreicht Horizontale auch durch Druck des Testers nicht (deutliche Beweglichkeitsdefizite).	Rechts: 0 Links: 0
2. Testung der Hüftbeugemuskulatur (speziell M. iliopsoas)	Das Gesäß ist am Ende der Liege platziert. Die Testperson zieht ein Bein maximal angewinkelt mit den Händen	Stufe 0: Oberschenkel erreicht Horizontale (keine Beweglichkeitsdefizite). Durch leichten Druck des	Rechts: 1 Links: 1

	zum Rumpf heran. Das andere Bein hängt locker Richtung Boden. Hierbei wird die Hüftflexion des freien Beines vom Tester inspiziert.	Testers kann Oberschenkel unter Horizontalen bewegt werden. Stufe1: Oberschenkel kann durch leichten Druck des Testers bis zur Horizontalen bewegt werden (leichte Beweglichkeitsdefizite. Leichte Hüftbeugestellung). Stufe 2: Oberschenkel erreicht auch durch Druck des Testers nicht die Horizontale (deutliche Beweglichkeitsdefizite).	
3. Testung der geraden Oberschenkelmuskulatur (speziell M. rectus femoris)	Das Gesäß ist am Ende der Liege platziert. Die Testperson zieht ein Bein maximal angewinkelt mit den Händen zum Rumpf heran. Das Gegenbein hängt locker Richtung Boden. Der Tester drückt das Gegenbein, das locker Richtung Boden hängt, maximal nach unten. Somit wird es in der maximalen Hüftflexion fixiert. Danach führt der Tester das Bein in einen maximal möglichen Kniebeugewinkel. Der Winkel zwischen Ober- und Unterschenkel (Kniebeugewinkel) dient als Messbereich.	Stufe 0: Unterschenkel hängt senkrecht herab (keine Beweglichkeitsdefizite). Durch leichten Druck des Testers ist es möglich, die Kniebeugung zu vergrößern. Stufe 1: Unterschenkel ist leicht nach vorne gestreckt (leichte Beweglichkeitsdefizite). Unterschenkel erreicht 90° im Kniebeugegelenk durch den Druck des Testers. Stufe 2: Unterschenkel ist deutlich nach vorne gestreckt (deutliche Beweglichkeitsdefizite).	Rechts: 1 Links: 1
4. Testung Kniebeugemuskelatur (Mm. ischiocrurales)	Das nicht getestete Bein wird gebeugt auf der Behandlungsliege aufgestellt. Das zu testende Bein, wird ausgestreckt und der Tester führt es in eine maximale Hüftflexion. Hierbei bleibt die Patella bei der Fixierung frei. Als Mess-	Stufe 0: Im Hüftgelenk ist eine Flexion von 90° möglich (keine Beweglichkeitsdefizite). Stufe 1: Im Hüftgelenk ist eine Flexion zwischen 80-90° möglich (leichte Beweglichkeitsdefizite).	Rechts: 1 Links: 1

		Stufe 2: Im Hüftgelenk ist eine Flexion nur unter 80° möglich (deutliche Beweglichkeitsdefizite).	
5. Testung der Zwillingswadenmuskulatur, Schollenmuskulatur, Fußsohlenmuskulatur (Mm. Triceps surae)	Das nicht getestete Bein wird gebeugt auf der Behandlungsliege aufgestellt. Das zu testende Bein ist gestreckt und ragt zur Hälfte über den Rand der Liege hinaus. Mit einer Hand zieht der Tester das Fersenbein zu sich. Um eine maximale Dorsalextension zu erreichen, wird mit dem Daumen, an der Fußaußenkante, in Richtung Schienbein gedrückt. Nach dem Erreichen der maximalen Dorsalextension wird das Kniegelenk gebeugt und der Tester kann das Bewegungsaußmas vergrößern. Dadurch kann die Testauswertung zwischen M. gastrocnemius und M. soleus differenziert werden.	Stufe 0: Dorsalextension ist mindestens bis 0°-Stellung möglich (keine Beweglichkeitsdefizite). Stufe 1: Dorsalextension möglich, jedoch wird 0°-Stellung nicht erreicht (leichte Beweglichkeitsdefizite). Stufe 2: Dorsalextension nur bis 10° unter 0°-Stellung möglich (deutliche Beweglichkeitsdefizite).	Rechts: 0 Links: 0

Der Kunde hat in der Brustmuskulatur als auch in der Wadenmuskulatur keine Beweglichkeitsdefizite. Allerdings weisen die Testergebnisse leichte Beweglichkeitsdefizite in der Hüftbeuge-, Oberschenkel- und Kniebeugemuskulatur auf. Ein Grund hierfür ist, dass die Testperson in der Vergangenheit den Fokus beim Dehnen überwiegend auf den Oberkörper gelegt hat. Der Unterkörper wurde oft aus zeitlichen Gründen, so der Proband, vernachlässigt, was die Tabelle 2 der Beweglichkeitstestung deutlich veranschaulicht. Für die Trainingsplanung des Beweglichkeitstraining in Aufgabe 3 wird infolgedessen ein Ganzkörperbeweglichkeitstraining durchgeführt, wobei der Schwerpunkt primär auf die Dehnung im Unterkörper liegt.

3 Trainingsplanung Beweglichkeitstraining

In der Trainingsplanung des Beweglichkeitstrainings werden die Übungen für das Beweglichkeitstraining mit der Testperson besprochen (siehe Tab. 5). Es wird sowohl das Belastungsgefüge (siehe Tab. 3), als auch die Dehnmethode und die Dehndauer (siehe Tab. 4) mit dem Probanden besprochen.

Tabelle 3: Belastungsgefüge

Trainingshäufigkeit pro Woche	3 x die Woche
Sätze pro Übung	2 Sätze pro Übung
Intensität	Weiches Dehnen

Tabelle 4: Dehnmethode & Dehndauer

Dynamisches Dehnen	30 Sekunden
Statisches Dehnen	10 Wiederholungen
Postisometrisches Dehnen	6 Sekunden Kontraktion
	2 Sekunden Entspannung
	10 Sekunden Dehnung

Tabelle 5: Übungen für das Beweglichkeitstraining

Nr.	Zielmuskulatur	Durchführung der Dehnübung	Dehnmethode
1	M. trapezius, pars descendens	In einem aufrechten Stand werden die Knie leicht gebeugt, das Becken fixiert und der Rücken bleibt gerade. Der Kopf wird in einer langsamen Bewegung zur Seite geneigt. Hierdurch entsteht eine Dehnung in der Nackenmuskulatur. Dies wird in einem dynamischen Wechsel auf beiden Positionen (rechts und links) durchgeführt.	Dehnform: Passiv Arbeitsweise: Dynamisch
2	M. pectoralis major	Die Ausgangsposition ist eine aufrechte Standhaltung. Die Knie sind leicht gebeugt, das Becken ist fixiert und der Rücken ist gerade. Die Bauchmuskeln sind leicht angespannt und die Schultern sind nach unten gesenkt. Die Arme werden leicht gestreckt, seitlich bis auf Schulterhöhe gehoben. Eine Dehnung	Dehnform: Aktiv Arbeitsweise: Statisch

		im m. pectoralis major entsteht, wenn die Arme leicht nach hinten gezogen werden und sich eine Retraktion der scapula bildet. Diese Dehnung wird 30 Sekunden gehalten und in zwei Sätzen durchgeführt.	
3	M. triceps brachii	Der Proband befindet sich in einem aufrechten Stand. Der zu dehnende Arm wird senkrecht nach oben gestreckt und wird im Ellenbogengelenk gebeugt, sodass sich der Unterarm hinter dem Kopf befindet. Die andere Hand wird zur Hilfe genommen und drückt den Ellenbogen des zu dehnenden Armes in Richtung Boden senkrecht runter. Durch das Drücken entsteht eine Dehnung im M. triceps brachii. Die Position wird 30 Sekunden statisch gehalten und mit kurzer Pause in zwei Serien durchgeführt.	Dehnfrom: Aktiv – Passiv Arbeitsweise: Statisch
4	M. erector spinae	Der Kunde befindet sich in einem Vierfüßlerstand auf einer Matte. Die Beine befinden sich parallel zueinander und das Kniegelenk ist in einem 90° Winkel gebeugt. Die Unterschenkel befinden sich auf der Matte. Die Arme sind auf gleicher Höhe in Verlängerung der Schultern. Die Handflächen befinden sich ebenfalls auf der Matte. Die Ausgangsposition ist ein Hohlkreuz im Rücken. Bei der Dehnung wird der Rücken in einer langsamen Bewegung von einem Hohlkreuz zu einem Rundrücken gebeugt. Anschließend wird er wieder in die Ausgangsposition gebracht.	Dehnform: Aktiv Arbeitsweise: Dynamisch
5	M. iliopsoas	Der Proband nimmt eine stabile Schrittstellung auf einer Matte ein. Der Rücken ist gerade und der Kopf ist in Verlängerung zur Wirbelsäule. Das hintere Bein wird mit dem Knie und dem Unterschenkel auf dem Boden platziert. Das vordere Bein ist mit dem Fuß auf der	Dehnform: Aktiv Arbeitsweise: Dynamisch

		Matte und hat eine 90° beuge im Knie-gelenk. Um den Muskel zu dehnen wird nun der Oberkörper mit den Händen auf das vordere Bein abgestützt und das Becken wird leicht nach vorne geneigt.	
6	M. quadriceps femoris	Die Ausgangsposition ist ein stabiler aufrechter Stand. Die Bauchmuskulatur ist leicht angespannt und der Rumpf be-findet sich in einer aufrechten stabilen Haltung. Der zu dehnende Oberschen-kel wird mit der gleich seitigen Hand am Unterschenkel gefasst und Richtung Gesäß gezogen. Die Dehnung wird er-zeugt, indem das Bein leicht nach hin-ten gezogen wird. Das andere Bein wird hierbei leicht gebeugt. Diese Position wird 30 Sekunden gehalten. Anschlie-ßend wird die Ausgangsposition einge-nommen und der gleiche Durchgang wird mit dem anderen Bein durchge-führt.	Dehnform: Passiv Arbeitsweise: Statisch
7	M. gluteus maxi-mus	Die Testperson liegt mit auf dem Rü-cken auf einer Matte. Die Beine sind an-gewinkelt. Die Handflächen umfassen die Knie. Die Knie werden Richtung Oberkörper gezogen, bis eine Span-nung im Gesäß entsteht.	Dehnform: Passiv Arbeitsweise: Statisch
8	M. ischiocrurale	Der Proband sitzt mit dem Gesäß auf den Boden. Die Beine werden nach vorne gestreckt, sodass sich ein 90° Winkel im Hüftgelenk zwischen Ober- und Unterkörper bildet. Nun wird der Oberkörper langsam so weit nach vorne gestreckt, bis die Fingerspitzen die Fußspitzen berühren. Die Beine bleiben während der ganzen Übung ge-streckt. Diese Position wird für 30 Se-kunden statisch gehalten.	Dehnform: Passiv Arbeitsweise: Statisch
9	M. adductor	Der Proband sitzt in einem Schneider-sitz auf den Boden. Die Fußsohlen be-rühren sich. Der Oberkörper ist in einer	Dehnform: Passiv Arbeitsweise: Postisomet-risch

		aufrechten Haltung, der Rücken ist gerade und der Kopf in Verlängerung zur Wirbelsäule. Die Hände umfassen die Sprunggelenke und die Ellenbogen werden an die Knie gedrückt. Nun wird Druck vom Ellenbogen auf das Knie aufgebaut und vom Knie wird Druck gegen den Ellenbogen aufgebaut, damit der Muskel postisometrisch kontrahiert wird. Diese Position wird für 6-10 Sekunden gehalten. Anschließend erfolgt eine Entspannung für 2 Sekunden. Nach der Entspannung wird bis zur maximalen Bewegungsreichweite für 10-20 Sekunden gedehnt, um den Muskel noch einmal deutlich spürbar zu reizen. Diese Übung erfolgt 2 Mal.	
10	M. triceps suare	Die Ausgangsposition ist ein Ausfallschritt. Der Rücken ist in einer geraden Haltung und der Kopf in Verlängerung zur Wirbelsäule. Das zu dehnende Bein befindet sich hierbei hinten in einer gestreckten Position und das andere Bein hat im Kniegelenk eine leichte Beugung. Die Fußsohlen befinden sich jeweils auf dem Boden. Um eine Dehnung zu erzeugen, wird der Oberkörper leicht nach vorne gebeugt, um das Gewicht nach vorne zu verlagern.	Dehnform: Passiv Arbeitsweise: statisch

Der Trainingsplan wurde speziell auf den Kunden und seine Problemzonen abgestimmt. Dieser soll strukturiert von den oberen Extremitäten bis hin zu den unteren Extremitäten absolviert werden.

Durch das sechstägige Krafttraining pro Woche hat die Testperson eine kontinuierliche Belastung besonders im Oberkörper, da hier der Fokus draufgelegt wird. Dementsprechend ist das Ziel die bestehende Beweglichkeit weiterhin zu erhalten und gegen eventuelle Einschränkungen in naher Zukunft präventiv vorzugehen. Besonders auch im Berufsalltag, den der Proband überwiegend sitzend verbringt, sind Dehnübungen für den m. erector spinae oder für den m. trapezius, pars descendens wichtig, um die Wirbelsäule zu stärken. Hierbei wird das dynamische Dehnen bevorzugt, da die Spannung immer wieder durch den dynamischen Wechsel neu eingenommen wird. Da der M. triceps brachii und der M. pectoralis major beim Krafttraining ebenfalls ständig unter Belastung sind, entstehen schnell Muskelverkürzungen. Diese können zu Haltungsproblemen führen. Durch das Dehnen entsteht wieder eine Verlängerung des Muskels (Stampel, Stolz, Zisch, 2007).

Im Unterkörper hat der Proband besonders im Bereich m. rectus femoris, m. ischiocrurales und im m. iliopsoas leichte Beweglichkeitsdefizite. Diese sollen mit den, wie in der Trainingsplanung besprochenen, Übungen behoben werden, damit der Kunde eine volle Beweglichkeit im Alltag und in seiner Leidenschaft, dem Sport, hat. Die Testperson wird als Anfänger eingestuft, da dieser sich in seiner sportlichen Karriere weniger mit Dehnen befasst hat. Dementsprechend wurde das statische Dehnen bevorzugt, da diese eine einfache und dennoch effektive Dehnmethode für Anfänger ist (Walker, 2014, S.31). Durch das langsame Einnehmen der Dehnposition ist das Verletzungsrisiko geringer. Jedoch sollten in zukünftigen Trainingsplänen mehr die dynamische Dehnmethode inkludiert werden, da diese durch die Einnahme der maximalen Dehnposition durchaus effektiver ist.

Als Dehnintensität wurde ein „leichtes Dehnen" gewählt. Zwar ist laut Marshall ein maximales Dehnen wesentlich effektiver, da die Testperson jedoch als Anfänger eingestuft wird, ist ein leichtes Dehnen für die erste Trainingsplanung besser umzusetzen (Marshall, 1999). Es wurde auf Wunsch des Probanden eine Dehnungshäufigkeit von drei Mal die Woche ausgemacht, da der zeitliche Verfügungsrahmen nur dies zulässt.

Als erste Dehnmethode wurde das dynamische Dehnen genommen. Hier ist die Dehndauer auf 10 Wiederholungen begrenzt, wobei der Fokus hier auf den maximalen Dehnreiz liegen muss. Beim statischen Dehnen liegt die Dehndauer bei 45 Sekunden, wobei das Einnehmen der Dehnung durch langsame Bewegungen essenziell für Schwachstellen geeignet ist, da das Verletzungsrisiko hierbei geringer ist. Als dritte Dehnmethode wurde das postisometrische Dehnen genommen. Hier wird der Muskel für maximal 10 Sekunden postisometrisch kontrahiert und im Anschluss für zwei bis drei Sekunden entspannt. Im Anschluss wird der Muskel erneut für 10-20 Sekunden mit einem deutlich spürbaren Dehnreiz kontrahiert. Da lediglich leichte Beweglichkeitsdefizite beim Probanden sind, wurden die Sätze pro Übung auf 2 gelegt. Durch den Wechsel der Dehnmethoden, wird während des Trainings das Schwierigkeitsniveau immer wieder neu angepasst und es entsteht ein neuer Trainingsreiz in den einzelnen Muskelstrukturen.

4 Trainingsplanung Koordinationstraining

In der Trainingsplanung für das Koordinationstraining werden die Übungen für das Beweglichkeitstraining (siehe Tab. 7) und das Belastungsgefüge (siehe Tab. 6) besprochen. Für das Koordinationstraining wurde die Modellierung des kurzen Fuß nach Janda (Häfelinger & Schuba, 2007, S. 64) gewählt. Hierzu zählt als Voraussetzung der Durchführung ein stabiler Stand, beide Füße werden gleichzeitig belastet, die Ferse, Klein-& Großzehenballen sowie die Zehen haben Kontakt zum Boden, die Zehen werden leicht gespreizt, das Fußgewölbe wird hochgezogen und der Abstand zwischen Vorfuß und Ferse verkürzt sich, wodurch eine Aktivierung der gesamten Streckmuskulatur zustande kommt. Ebenfalls werden die Übungen barfuß durchgeführt

Jede Übung wird jeweils mit einer Belastungsdauer von 30 Sekunden durchgeführt. Anschließend folgt eine Satzpause von jeweils 30 Sekunde für die jeweilige Position. Dieser Durchgang wird zwei Mal durchgeführt.

Tabelle 6: Belastungsgefüge

Trainingshäufigkeit pro Woche	3 x pro Woche
Sätze pro Übung	2 Sätze pro Übung
Satzpausen	30 Sekunden
Belastungsdauer	30 Sekunden

Tabelle 7: Übungen für das Koordinationstraining

Nr.	Übungsauswahl	Beschreibung	Hilfsmittel/Klein-geräte
1	Einbeinstand	Die Testperson zieht ein Bein leicht nach vorne, während das Standbein leicht gebeugt ist. Die Arme sind auf Schulterhöhe zur Seite gestreckt.	
2	Einbeinstand mit geschlossenen Augen	Bei dieser Übung wird die gleiche Ausgangsposition wie bei Übung Nr. 1 eingenommen. Allerdings werden bei der Übung die Augen geschlossen.	
3	Einbeinstand auf dem Balancepad	Der Kunde führt die Übung Nr. 1 auf einem Balancepad aus.	Balancepad

4	Einbeinstand auf dem Balancepad mit geschlossenen Augen	Die Testperson führt die Übung Nr. 2 auf einem Balancepad aus.	Balancepad
5	Einbeinstand auf einem Balancepad mit Ball auffangen	Die Übung hat die gleiche Ausgangsposition wie die Übung Nr. 3. Ein Helfer wirft einen Tennisball zu der Testperson, die diesen auffangen muss. Dieser wird im Anschluss zurück zum Helfer geworfen. Der Ball wird jedes Mal zum Probanden in einer anderen Richtung geworfen, um den Schwierigkeitsgrad zu erhöhen.	Balancepad, Tennisball
6	Einbeinstand auf einem Balancepad mit Ball auf Boden prellen	Der Proband steht wie bei Übung Nr. 3 auf einem Balancepad und prallt währenddessen einen Tennisball auf den Boden. Dieser muss jedes Mal aufgefangen werden, während die Koordination auf dem Balancepad gehalten wird.	Balancepad, Tennisball
7	Standwaage	Die Testperson hebt ein Bein in die Luft und streckt dieses nach hinten. Dabei wird zusätzlich der Oberkörper nach vorne gebeugt. Die Zehenspitzen des gestreckten Beins werden nach hinten gestreckt, sodass diese mit der Ferse auf einer Linie sind. Die Arme und Fingerspitzen werden seitlich auf Höhe der Schulter gestreckt. Der Oberkörper und das gestreckte Bein, ergeben eine gerade Linie.	
8	Standwaage auf einem Balancepad	Bei dieser Übung wird die gleiche Ausgangsposition wie bei Übung Nr. 7 eingenommen. Zusätzlich steht der Proband allerdings auf einem Balancepad.	Balancepad
9	Standwaage auf einem BOSU-Ball	Um die Übung auszuführen wird eine Standwaage, wie in Übung Nr. 7 beschrieben, stehend auf einem BOSU-Ball.	BOSU-Ball

10	Standwaage mit Störung	Hier nimmt der Proband die Aus-	Helfer
		gangsposition wie in Übung Nr. 7	
		beschrieben ein. Zusätzlich ver-	
		sucht ein Helfer ihn zu stören, indem	
		er immer wieder kleine Schubser	
		vornimmt oder leicht an seiner Hand	
		oder an seinem Bein zieht. Die Test-	
		person muss die Körperhaltung im-	
		mer wieder neu stabilisieren, ohne	
		dabei Gleichgewicht zu verlieren.	

Die Belastbarkeit im Alltag und Beruf und die muskuläre Gelenkstabilität kann durch ein gezieltes Koordinationstraining verbessert werden (vgl. Deutsch Hochschule f. P. u. G. auf gesundheitsaktivgestalten.de).

Das Koordinationstraining ist ein wichtiger Bestandteil, um die sportliche Leistung einer Person zu verbessern. Denn um neue Techniken präzise und schnell zu erlernen, müssen die essenziellen koordinativen Fähigkeiten vorhanden sein (Wehrle, 2011).

Da der Proband in der Vergangenheit beim Krafttraining bei verschiedenen Übungen, wie zum Beispiel beim Kniebeugen Koordinationsschwierigkeiten hatte, eignet sich dieser Plan, um seine Defizite wieder auszugleichen.

Der Trainingsplan wurde mit unterschiedlichen Übungen gewählt, die aufeinander aufbauen und immer auf einen höheren Schwierigkeitsgrad hinweisen.

Dies soll dazu führen, dass der Proband bei jeder Trainingseinheit eine neue Steigerung der Belastbarkeit in seinem Training hat. Durch unebene Übungen auf dem Balancepad oder auf dem BOSU-Ball werden nicht nur die Koordinativen, sondern auch die sensomotorischen Fähigkeiten verbessert (Kempf, 2014).

Durch das Prellen oder auch das Auffangen von einem Tennisball, wird zudem die Reaktionsfähigkeit und die Körperschwerpunktverlagerung trainiert.

Die Trainingshäufigkeit wurde auf Wunsch des Probanden bei drei Trainingseinheiten die Woche gesetzt.

Das Koordinationstraining hat der Proband noch nie ernsthaft wahrgenommen. Dementsprechend wird dieser auch hier als Einsteiger eingestuft. Um nicht mit einer zu hohen Belastung das Training zu starten, wurden für jede Übung zwei Sätze und eine Belastungsdauer von 30 Sekunden gewählt. Die Satzpausen belaufen sich allerdings auf die gleiche Länge wie die Belastung. Auch bei der dynamischen Methode wurde eher eine Belastungsdauer anstatt eine Wiederholungsanzahl gewählt, um das Training einheitlicher zu gestalten.

5 Literaturrecherche

Tabelle 8: Effekte des Dehnens im Hinblick auf eine Verbesserung der sportlichen Leistungsfähigkeit

Studie 1	Studie 2
Titel der Studie	
Einfluss unterschiedlicher Dehntechniken auf die reaktive Leistungsfähigkeit	Auswirkungen von Beweglichkeitstraining auf die muskuläre Leistungsfähigkeit
Wer hat die Studie durchgeführt?	
Björn Begert, Dr. Martin Hillebrecht	M.H. Chagas, D. Schmidtbleicher
In welchem Jahr wurde die Studie publiziert?	
2003	2000
Welche Forschungsfrage wurde untersucht?	
Welche Auswirkung hat das Dehnen (statisch/dynamisch) auf die reaktive Leistungsfähigkeit?	Welches Ausmaß haben unterschiedliche Dehntechniken während und nach einer Trainingsphase auf die Bewegung und der Dehnungsspannung sowie der Effekt auf das Verhalten der Kraftparameter?
Mit welchen Versuchspersonen wurden die Studien durchgeführt?	
Die Stichprobe der Studie bestand aus 35 Sportstudenten der Universität Oldenburg. Die Gruppe bestand aus 19 männlichen und 16 weiblichen Teilnehmern, die im Durchschnitt 25 +/- 5 Jahre alt waren, eine durchschnittliche Körpergröße von 1,79m +/- 0,09m und ein Durchschnittgewicht von 73kg +/- 12kg hatten.	Experimentalgruppe mit 14 Personen und Kontrollgruppe mit 11 Personen
Wie sah der Versuchsaufbau der Studien aus?	
Es wurden drei unterschiedliche Gruppen anhand der reaktiven Leistungsfähigkeit und der Beweglichkeit anhand eines Vortests unterteilt. Bei den Übungen wurden als Dehnmethoden das statische Dehnen und das dynamische Dehnen gewählt. Das statische Dehnen wurde von 11 Probanden der ersten Gruppe	Die Testpersonen der Experimentalgruppe trainierten über sechs Wochen an zwei Tagen in der Woche die ischiocruralen Muskeln mit zwei verschiedenen Dehntechniken. Es wurde ein Bein mit der passiv-statischen und mit dem anderen Bein in der „contract-release" Technik trainiert. Bei der passiv-statischen Technik wurde mit einer maximalen Dehnintensität für 15 Sekunden gedehnt. Bei der CR-

gewählt, das dynamische Dehnen von 12 Personen der Gruppe 2 und die restlichen 12 Personen wurden als Kontrollgruppe gewählt.

Als erste Übung mussten die Probanden einen Drop-Jump (DJ) aus einer Höhe von 24cm ausführen. Zu beachten war eine „Minimierung der Bodenkontaktzeit nach der ersten Flugphase, Maximierung der Höhe der zweiten Flugphase, Fixierung der Arme am Körper durch Stützen der Hände in die Hüften und das Aufrechthalten des Oberkörpers während der gesamten Bewegung". Das Ausführen der Übung wurde ohne Schuhe getätigt.

Im Anschluss wurden die Probanden in deren jeweiligen Gruppen unterteilt und es wurden die Muskeln gedehnt, die beim DJ unter Belastung waren (M. ischiocrurale, M. quadriceps femoris und M. triceps surae). Das statische Dehnen wurde mit einer Dauer von 15 Sekunden absolviert und das dynamische Dehnen wurde mit 12 zügigen Wiederholungen absolviert.

Mit den Straight-Leg-Test wurde die Dehnbarkeit der unteren Extremitäten mit Hilfe der erreichten Beweglichkeit des Hüftgelenks abgeschätzt. Hierbei erfolgte auf einem Kasten aus dem aufrechten Stand eine Rumpfbeuge vorwärts, in der die Probanden die Arme und Beine austrecken mussten. Wenn die Fingerspitzen die Relation zur Kastenhöhe erreicht haben, wurde die als Maß für eine maximale Dehnbarkeit angesehen.

Nach dem Test wurde ein Nachtest in Form von einem erneuten Drop-Jump aus der gleichen Höhe ausgeführt.

Methode wurde zusätzlich bei dem aktiven Teil eine isometrische Kontraktion mit einer maximalen Intensität mit einer Dauer von drei – vier Sekunden durchgeführt. Es mussten jeweils drei Serien mit vier Wiederholungen absolviert werden. Die Pause belief sich auf zwei Minuten.

Die Kontrollgruppe nahm lediglich an den Tests teil, jedoch nicht am Training. Hierbei wurde die maximale Bewegungsamplitude (MBA), die maximal tolerierte Dehnungsspannung (MDS), sowie die isometrische Maximal- und Explosivkraft ermittelt.

Zum Schluss durften die Gruppen sich 30 Minuten lang nicht körperlich betätigen. Im Anschluss wurde ein 2. Nachtest als Drop-Jump erneut wiederholt.	
Welche relevanten Ergebnisse und Schlussfolgerungen lieferten die Studien?	
Bei der Gruppe, die das statische Dehnen absolvierte, sank die reaktive Leistungsfähigkeit auf 98% des Ausgangsniveaus ab. Der Reaktivitätsindex (RI) sank vom Vortest zum 1. Nachtest auf 92% und beim 2. Nachtest auf 90% des Ausgangsniveaus. Daraus kann man schließen, dass die Leistungen der Gruppe enorm gesunken sind. Die Gruppe, die das dynamische Dehnen absolvierte, zeigte allerdings keine große Veränderung der reaktiven Leistungsfähigkeit. Vom Vortest zum 1. Nachtest sank der RI lediglich um 3% und vom 1. Nachtest zum 2. Nachtest lässt sich sogar eine leichte Verbesserung von 2% zeigen. Der Test zeigt, dass das dynamische Dehnen keinen signifikanten Einfluss auf die reaktive Leistungsfähigkeit hat.	Bei der Experimentalgruppe verbesserte sich auf der passiv-statisch gedehnten Seite die MBA auf 31,8 %. Die MDS auf der Seite sank hier auf 13,5 % und bei der Maximal-& Explosionskraft konnte keine Veränderung festgestellt werden. Bei dem anderen Bein, das mit der CR-Methode gedehnt wurde, verbesserte sich die MBA auf 31,9 %. Die MDS sank auf 12,1 % und die Maximal-& Explosionskraft sank um 16 %. Bei der Experimentalgruppe sind die Ergebnisse der beiden Dehnmethoden fast identisch. Nur bei der Maximal-&Explosionskraft zeigte sich, dass das Dehntraining nach der CR-Methode eine negative Auswirkung hat. Bei der Kontrollgruppe gab es so gut wie keine Veränderung bei den Werten.

6 Literaturverzeichnis

Begert, B., Hillebrecht, M. (2003). *Einfluss unterschiedlicher Dehntechniken auf die relative Leistungsfähigkeit.* Oldenburg: Ossietzky Universität Oldenburg. Zugriff am 12.12.2020, 18:00 Uhr. Verfügbar unter: http://spt0010a.sport.uni-oldenburg.de/PDF/ReaktivkraftundDehnen.pdf

Chagas, M.H., Schmidtbleicher, D (2000). *Auswirkungen von Beweglichkeitstraining auf die muskuläre Leistungsfähigkeit.* Frankfurt: Universität Frankfurt am Main. Zugriff am 12.12.2020, 12:40 Uhr. Verfügbar unter: http://www.bisp.de/Shared-Docs/Downloads/Publikationen/Jahrbuch/Jb_2000_Artikel/Chagas.pdf?__blob=publicationFile

Eifler, C. (2020). *Studienbrief Medizinische Grundladen – Das Herz-Kreislauf-System* (Rev. 23.036.000). Saarbrücken: Deutsche Hochschule für Prävention und Gesundheitsmanagement.

Eifler, C. (2020). *Studienbrief Medizinische Grundladen – Das Herz-Kreislauf-System* (Rev. 23.036.000). Saarbrücken: Deutsche Hochschule für Prävention und Gesundheitsmanagement.

Kempf, H.-D. (2014). *Funktionelles Training mit Hand- und Kleingeräten – Das Praxisbuch.* Berlin: Springer-Verlag. Zugriff am 06.12.2020, 12:00 Uhr. Verfügbar unter: https://link.springer.com/chapter/10.1007/978-3-662-43659-2_13

Luppa, D. (2020). *Studienbrief Ernährung I – Ablauf der Ernährungsberatung* (Rev. 23.035.000). Saarbrücken: Deutsche Hochschule für Prävention und Gesundheitsmanagement.

Luppa, D. (2020). *Studienbrief Ernährung I – Ablauf der Ernährungsberatung* (Rev. 23.035.000). Saarbrücken: Deutsche Hochschule für Prävention und Gesundheitsmanagement.

Marschall, F (1999). *Wie beeinflussen unterschiedliche Dehnintensitäten kurzfristig die Veränderung der Bewegungsreichweite?* Deutsche Zeitschrift für Sportmedizin.

Wehrle, O. (2011). *Koordinationstraining – Was ist Koordinationstraining?* Neuffen. Zugriff am 10.12.2020. 15:40 Uhr.

Walker, B. (2014). *Anatomie des Stretchings. Mit der richtigen Dehnung zu mehr Beweglichkeit* (1. Auflage). München: Riva Verlag.

Zugriff am 13.12.2020. 14:00 Uhr.

Zisch, B., Stolz, V., Stampel, K. (2007). *Spezielle Haltungsprophylaxe – Dehnübungen.*

Zugriff am 15.12.2020. 11:45 Uhr.

7 Abbildungs- und Tabellenverzeichnis